꽃으로 와서 바람으로 지다

우리詩 시인선 083

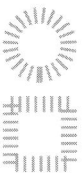

꽃으로 와서 바람으로 지다

여 연 시집

우리詩 웊

시인의 말

나의 시는

달콤한 말의 향연이다
꿀 같은 말로 꽃향기 품은
언어의 정원에서 피어나는 환상이다

봄바람 스치는 문답의 춤이고
별빛 흐르는 마음의 강이다

물결처럼 흘러가는 대화를 이어가고 싶어
가을 잎처럼 떨어지는 눈물이다

해가 뜨기 전에 부르는 이별의 노래다
어둠 속에 떠도는 그림자다

시는 상처를 꽃피우는 일이다

2025. 6.
여 연

| 차례 |

시인의 말 •5

제1부 아, 어머니

슬하에서 슬을 잡다 •13
콩 터는 날 •14
낡은 시간의 반항 •16
나무에게도 영혼이 있나요 •17
골리수骨利樹 •18
허공을 입고 •19
푸르게 섰을 때 나무는 어머니였지요 •20
퇴근길 •22
호두과자 •23
어머니는 바람입니다 •24
비수리에서 야관문까지 •26
풋바심 •28

제2부 꽃의 시간

버들마편초 •31
슬픔은 가을에 피는 꽃처럼 •32
소금꽃 •33
으아리 망울은 아직 먼 길에 있었다 •34
한 무리 고마리가 문득 •36
타래난 •38
꽃댕강 •39
꽃으로 와서 바람으로 지다 •40
진흙탕에 연꽃이 핀다 •42
연꽃의 지도 •43
연꽃만개법 •44
살다 보면 꽃 필 날 있다 •47

제3부 바람의 시간

입술을 깨물며 •51
무릎 꿇은 나무 •52
카르페디엠 1 - 흐르는 대로 •54
카르페디엠 2 - 내일을 믿지 마라 •56
나는 무엇입니다 •57
흔들리는 것들의 모호성 •58
지금, 바람이 분다 •60
빛과 어둠의 랩소디 •62
붉은머리오목눈이 •63
서설瑞雪 •64
스펙트럼의 서곡 •66
당신은 바람 •68

제4부 별뗴의 시간

약속 - 재망매가 •71
잔향 •72
지하철 승강장에서 •74
말의 법칙 •76
통痛 •77
통쾌痛快 •78
봄에 핀 얼음꽃 •80
접는다는 것 •81
향수를 뒤집어쓰다 •82
허무의 시간 1 •84
허무의 시간 2 •86
그리움에 사랑을 묻고 •88

제5부 신화의 시간

황혼의 검객 •91
골의 관계성關係性 •92
적요 •93
내 영혼의 뼈 •94
고독의 끝 •96
금단의 그림자 •98
고래 곧추서다 •99
말의 숲에서 만나는 빛과 그림자 •100
뫼비우스 꿈 •101
뫼비우스 길 •102
뫼비우스 속삭임 •103
뫼비우스 띠 •104

제1부 아, 어머니

슬하에서 슬을 잡다

무릎 아래에서 무릎으로 기던 시절이 기억나지 않는다
무릎과 무릎을 맞대고 웃던 시간이 생각나지 않는다

무릎에서 잠들었던 적
무릎 사이를 걸었던 적
무릎 사이에서 까무러쳤던 적

엄마의 무릎 밑으로 가고 싶어서 무릎 밑을 떠나고 싶지 않아서 무릎을 떠나보내고 싶지 않아서 슬하를 붙들고 놓지 않았다 여자의 무릎이 예뻐서 결혼했다는 사람의 얘기를 듣다가 내 무릎은 왜 상처 투성이일까 생각했다 무릎 위에 찜질팩을 올리다가 전기 찜질을 하다가 적외선을 쬐다가 비 오는 날 무릎을 주무르다가 펴지지 않는 무릎을 펴다가 무릎을 잘라 내고 엄마의 마른 무릎에 앉고 싶었다

콩 터는 날

밭두렁에 심었던 콩을 베어
양지바른 곳에서 바짝 말린다
된서리 몇 차례 지나고 나서
콩꼬투리가 얼었다 녹았다 수차 반복하면
도리깨 휘휘 돌려 콩 타작한다
달그락거리던 콩깍지가
자그락거릴 때까지 콩을 턴다
머릿속을 가득 메웠던 잡념들과
미움과 걱정과 화를 털고
무념무상으로 콩을 턴다
품었던 자식들 털어 내고
홀가분하게 앉으신 어머니
꼬투리 잡힐 일 하지 말라시고
꼬투리보다 알맹이가 중요한 거라시며
꼬투리와 알맹이를 같이 보지 말라셨지
바람조차 가벼이 지나가는 저물녘
몸 구석구석 부분 부분이
노동의 고됨을 각인할 때쯤
도리깨를 멈추고 콩을 고른다
알맹이와 껍데기를 가려 나누며

나비 날갯짓하듯 키를 까불어
오늘 덜어 낸 상념을 날린다

낡은 시간의 반항

구순 노모를 입원시키고
날아가 버릴 것만 같은 노모의 손을
힘 주어 움켜 잡았다가
가녀린 뼈가 부서질 것 같아
다시 힘을 풀었다

3주만에 노모가 퇴원하는 날
청소를 하려고 청소기 버튼을 눌렀더니
산 지 5년 된 청소기가 고장 났다
더운 공기를 식혀 노모의 숨길을 터 주려고
에어컨을 켰더니 에어컨도 고장 나고
10년 된 텔레비전은 액정이 탈났다
모든 낡음의 반항

덜덜거리는 선풍기 켜 놓고
청소기 고치러 간다

나무에게도 영혼이 있나요

피골이 상접한 어머니는 피접이 살길이라
공기 맑은 곳 찾았더니 냉골이다
쓰러진 나무를 눈산에서 데려와 아궁이에 넣고
어스름 하늘가에 우뚝 선 굴뚝에서
저녁 연기 피어오르는 걸 보다가
이만하면 어머니 따뜻하겠다 싶어
어머니 옆에 이부자리 펴고 누웠는데
밤새도록 나무가 말을 걸어왔다
추운 산보다 아궁이가 훨씬 따뜻하다고
이제야 편안한 세상으로
훨훨 날아갈 수 있겠다고
하얀 소복 입고 하늘거리며
하늘로 올라가는 나무의 영혼을
저린 마음으로 배웅하다가
소스라쳐 일어나 어머니 자리 보니
어둠 속에서 미세하게 들썩이는 이불

골리수 骨利樹

사람이 다녀간 산비탈마다 나무들은
상처에 비닐 봉투 하나씩 달고 섰다
골리수를 마시면 무릎이 펴진다는 속설
골리수 마시는 이들로
병원 복도가 왁자하다
오늘은 어머니도
고무관을 몸에 꽂고 수액을 맞는다
평생 빼주기만 한 물을
한번 넣어 보는 것이다
어머니의 골리수를 마시고
내 허리는 얼마나 펴졌을까
뿌리에서 가지로
삶을 끌어 올리던 나무는
옆구리로 흘러내리는 제 몸을 보며
무슨 생각을 할까
누구는 진붉은 수액으로 하루를 연장하고
누구는 묽은 수액으로 또 하루 힘을 얻는
계곡엔 물도 말랐다

허공을 입고

산에 쓰러진 나무를 업고 내려와
아궁이에 통째 넣었다
나무의 영혼이 오래도록
실금을 그으며 하늘로 오르다가
어느 순간 툭,
허공만 남았다

몸져누워 내 시중받는
어머니도 병시중 드는 나도
서로 만지고 만져지다가
살캉, 빼캉, 털캉, 마카*
어느 순간 툭,
허공을 입겠지

온통
허공이겠지

　* 경상 방언, 살과 뼈와 털과 모두

푸르게 섰을 때 나무는 어머니였지요

오래전 산비탈에 쓰러진 나무
풍화되어 텅 빈 몸속으로
바람이 들고 납니다
나무의 단단했던 살결은
스펀지처럼 부드럽게 변해 갑니다
부스러진 나무의 살들이
바람 따라 흩어집니다
어머니,
아, 어머니
푸르게 섰을 때 나무는 어머니였지요
무성한 머리 위로 온갖 새 날고
꽃 붉고 열매 풍성하여 뭇 것이 찾았습니다
나무도 한때 청춘 찬란했습니다
굽은 가지와 노면에 드러난 뿌리
거칠어도 오래오래 그늘 드리웠습니다
나무 아래 모여 살던 뭇 생명
지금은 부재중입니다만,
어머니,
아, 어머니
나무도 제 삶 다하여

쓰러져 누우니 모두 흩어집니다

퇴근길

까만 비닐 봉투 안에
누런 종이 봉투 안에
달 닮은 호떡 두 개
뜨거운 김 품어 안았다

지하철 내려서 언덕길 오르면
어머니가 기다리시는 달방
도착할 때까지 식지 말라고
품에 안으니 아직 따뜻한데

발보다 마음이 앞서 달리는 길
어머니 웃음소리 귓가에 마중한다

호두과자

붕어빵에는 붕어가 없지만
호두과자에는 호두가 있다
동그란 호두과자가 바삭거릴 때
어머니 침 삼키는 소리 들린다
호두알만 한 호두과자
노란 호두알처럼 주름도 꽝꽝 맺힌 호두과자
한 손에 움켜쥐고 굴리면
빠드득거리며 버틸 것 같다
어머니 입에 넣고 호두 굴리신다
가을 하늘이 데구르르 어머니 목으로 구른다
중동에서 중국을 거쳐 우리나라로 오면서
복숭아씨를 닮아 호도胡桃로 불렸다지
신라 경덕왕 때부터 귀신 쫓는 신물
어머니 몸에서 온갖 병마 물리친다

어머니는 바람입니다

삶은 어디로 달려가나요
아마도 바람을 따르는 게지요

구순의 어머니는 안개입니다
어느 순간엔 바람입니다

내 눈앞에서 하루가 다르게
풍화되어 가는 어머니를 봅니다
더는 부서지지 않기를

바람은 바람처럼 흩어집니다
어머니의 육신이 흘러가는 강물에
제 젊음도 함께 띄웠습니다

모녀의 배가 급류에 휩쓸립니다
내 몸이 점점 사라지는 것을 느낄 때마다
나 녹은 자리에 어머니만 남을까 두렵습니다

나 없는 어머니는 재앙입니다

시간의 허무가 삶을 감싸고 도는 저녁입니다

비수리에서 야관문까지

나무도 풀도 아닌 것이
나무처럼 풀처럼 덤덤하게 날 서 있다
여린 가지 어디에 무슨 힘을 뭉쳐 둔 것일까

밤의 문을 연다는 소문

조막조막한 꽃들이
다닥다닥 매달린 꽃대를 꺾어다가
누렇게 우러나도록 삶은 물을 어머니께 드렸다

꽃비수리 넌출비수리 호비수리
청비수리 자주비수리 땅비수리
형제 사촌 많아 복잡한 집안
뿌리에서 여러 개 줄기가 자라나
가지치기 한다

쇠등에 달라붙는
파리를 쫓아 주던 비수리
빗자루를 만들면
방아 찧을 때 흩어지는

곡식도 쓿었다

잎겨드랑이에 꽃망울 달고
비수리가 웃는 이유
묵직한 견장이
어깨에 달렸기 때문

밤의 문뿐 아니라
기침으로 막혀 가는
어머니 숨길도 열어 줄 것이다

풋바심

푸른 굴레에 갇힌 시간이
발아리* 끝에서 흔들린다
햇곡식은 아직 익지 않아
봄바람에 몸부림치는 푸른 손

너른 들판에 서린 서릿발
추석 차례의 밥알이 되기 전
한 줌의 풋바심이 차가운 방바닥에
닿으면 쌀알은 어머니 눈물로 부풀고

가마솥 속에서 피어오르는 연기
미처 여물지 않은 벼이삭은
흙 속에서도 고개 숙인 채
흰 달빛에 몸을 던진다

푸른 피가 영글어가는 소리
단비에 젖은 이삭의 속삭임
한 알의 굶주림이 어머니 무릎에서
서늘한 밤을 삼키며 익어간다

* '발+아리'로 아름다운 발을 의미하는 시적 표현으로 조어함.

2부 꽃의 시간

버들마편초

한 번 뿌리내리면 여러 해 돋는다
짚 덤불 이불 삼아 추위 견디고
척박한 땅을 기어 태풍도 넘는다
속이 비었다고 비웃지 말라
허리가 꺾여도 웃을 수 있다
바람과 함께 탱고 한판 추면
군무 바라보는 눈길 모두 쓰러진다
사람들아,
사는 게 팍팍하다고 한숨짓지 말자
언제는 우리가 질편한 세상 살았던가
이 땅에 뿌리내리고 산 지 몇 천 년
세계가 우릴 보고 엄지 세운다
저 꽃처럼 우리도 함께 어울려
군무나 한바탕 추어 보자

슬픔은 가을에 피는 꽃처럼

내 가슴에서 피는 슬픔의 꽃
그대 가슴에서 피는 아픔의 꽃
가을 들녘을 수놓는다
슬픔은 가을의 노래
바람에 실려 울려 퍼지고
그대와 내 마음속에서
서로의 아픔을 감싸안는다
이제 우리는 함께
가을꽃을 바라보며
가슴 깊은 곳에 숨겨진
연민의 씨앗을 나누리
상실은 끝이 아닌 시작
겨울을 지나 봄을 맞이하리
슬픔의 꽃이 지고 나면
새로운 희망이 피어날 테니

소금꽃

어처구니 없는 맷돌
바다 밑에서 돈다
인어의 눈물은 진주가 된다는데
놀란 맷돌의 눈물은
소금꽃으로 피어난다
세상에서 피우지 못한 꿈
꽃비가 내리는 4월에도
여전히 한겨울인 맹골
찬 바다에서는 벚꽃 대신
소금꽃이 하얗게 핀다

으아리 망울은 아직 먼 길에 있었다

빨간 벽돌 이층집은
흐린 오후를 지붕에 널어놓고
안주인은 적요에 칩거 중

하얀 꽃 피우는 으아리
보라 꽃 피우는 으아리
두 종을 데크 아래 심으며

언니 곧 꽃 필 거야 꽃 피면 보러 와

4월이었다 한도 설움도 많은 계절
진도 앞바다에 매달린 리본의 물결도
주기를 앞두고 눈물을 준비하던

한 번도 본 적 없는 반듯한 미간이
하얘서 더욱 비수다
사람 사이 싹둑 가위질하던 솜씨로
안녕을 잘랐다 끈 끊어졌다
너와 나의 인연 줄은 여기까지라고

가는 게 세월만이 아니라며
돌아선 걸음걸음 불어오는 건
봄바람 아니다
겨울 바람이다
남은 자 머리 위로 흩날리는 건
벚꽃 아니다
얼음꽃이다

으아리는 아직 엄지만 한 망울도 내밀지 못했고
흰 꽃 자주 꽃은 더욱 먼 길에 있지만
유월이면 온통 으아리 아리겠다

한 무리 고마리가 문득

도시의 시멘트 보도블록 위에서 놀던 육중한 몸을 끌고 간 익숙지 않은 길에서 익숙지 않은 얼굴과 마주쳤다

좁은 냇가 가득한 고마리 떼
작고 환한 별 무리
빼곡히 소란하다

고만고만한 키로 자라나 고만이
고마 자라라 마이 컸다 아이가 고마리
작은 물고기에게 그늘 만들어 주고
썩은 물 깨끗이 청소해 주어 고마워 고마리

주렸던 어린 날 수제비 먹였던
베인 상처 어루만져 주었던
수없이 지나며 눈 맞췄던

한 번도 너인 줄 몰랐다가
기억조차 없다가
오늘에서야 마음속 기껍게 다가온 고마리

돌연 엄마 없는 열다섯 계집아이에게 동생들은 여느 때 동생들이 아니었다 속 없이 보채는 어린 별들 부리 벌리고 우는 새끼 뻐꾸기 안으랴 먹이랴 놀아 주랴 어린 엄마는 서툴기만 하였다

 아무런 사이도 아니라고 믿었던 사람이 문득 어떤 의미로 다가올 때 어색한 몸짓은 뒤돌아서서 달리는 것 가슴에서 뜨거운 무엇인가 자꾸 뭉글거려도 이별을 미리 두려워하는 건 어린 날의 트라우마

 다가옴도 다가감도 낯선 가을은 고마리밭이다 쓸쓸하고 복잡하고 시끄럽던 시궁창 가슴속이 정화된다 한 무리 고마운 고마리

타래난

온종일 무덤가에서 우리는
타래타래 얽혀 있었다

풀어야 할 일 다 풀지 못해
말이 말을 먹는다

마주치면 매섭게 쏜다

속이 비틀리면 소화제를 털어 넣어도
풀리지 않았다

이리저리 몸 비트는 것은
쓰러지지 않기 위한 몸부림

너만 잘하면 되는 일
나만 잘되면 되는 일

꽃댕강

하늘의 조각난 속삭임이
땅 위로 스며들어 꽃댕강이 되었다
시간의 끝자락에서
흐르는 강물의 눈물을 한 송이로 피워
흰빛의 침묵이 바람에 실려 흔들릴 때
세상의 모든 외로움을
한 줌의 향기로 감싸안는다
꽃잎은 달의 조각
이슬은 별의 파편
꽃은 우주의 작은 편지를
땅속 뿌리로 전한다
꽃의 이름은 바람에 새겨진 수수께끼
뿌리는 어둠을 뚫고 빛의 문을 두드린다
한 송이의 꽃이 피어날 때
시간은 잠시 멈추고
우리는 꽃의 비밀을
조각조각 나누어 갖는다

꽃으로 와서 바람으로 지다

어둠의 매듭을 풀며
뿌리는 갈비뼈 사이로 박힌 채
꽃은 입을 벌리지 않은 말이 된다
계절의 시곗바늘 위에 선 채
잎새는 빛의 주소를 적어 내린다

꽃 한 송이의 탄생은
흙이 숨겨 둔 불꽃의 역주
꽃잎은 스스로의 부고를
밤과 낮의 변론으로 써 내려간다
달빛이 흔들릴 때마다
줄기는 허공의 지문을 새기고

시들음은 바람의 첫 마디가 되어
떨어지는 것보다 높이 떠오른다
이름 없는 색채가 공기의 맥박을 삼키면
흩날리는 것들, 그 영원한 서사는
무게를 잃은 별처럼 허공을 긁는다

마지막 꽃잎이 지평선의 귀를 막을 때

바람은 부재의 문법을 배우고
그리하여 우리는
깨어남의 뿌리와 이별의 날개를 동시에 키우며
오는 것과 지는 것의 경계에서
스스로를 번역한다

살아남은 모든 것은
꽃의 단어로 태어나
바람의 구두점으로 사라진다

진흙탕에 연꽃이 핀다

진흙탕 더럽다고
피하는 사람 있다

연밭을 환하게 밝힌
미소들 보라

얼마나 숭고한 물인가

연꽃의 지도

첫 잎은 광막 속에 빛의 심장을 열고
연못은 숨죽인 채 무지갯빛 속삭임을 기다린다
둘째 잎, 셋째 잎은 사각의 하늘을 허물어
점과 선이 교차하는 기하학의 강을 건넌다
넷째 잎에서 일곱째 잎까지
잎새마다 달라지는 계절
한 송이에서 울려 퍼지는
수많은 우주의 이명耳鳴
여덟 번째 잎이 스민 뒤
연못은 비로소 고요해지고
중심에선 새 잎새의
꿈을 기다리는 파문이 일다
모든 각이 둥글어져 한 점에 머물 때
연꽃은 다시 새로운 지도의 심장을 연다

연꽃만개법*

연꽃의 심장
내 생각의 불꽃이 피어나는 곳
여기서 호흡하는 단어들이
한 송이 연꽃처럼 펼쳐진다

첫 번째 잎새는 꿈의 유리구슬
빛을 받은 순간 찬란히 반짝이고
하늘의 속삭임이 나를 부르며
별들이 쏟아지는 길을 그린다

두 번째 잎새는 고뇌의 바다
파도가 밀려와 내 마음을 휩쓸고
잃어버린 조각이 젖어드는 밤
어둠 속에서 깨어나는 기억의 물결

세 번째 잎새는 사랑의 태양
서로의 빛이 교차하는 곳
그림자 속에 숨겨진 고백
열정의 불꽃이 맥박을 울린다

네 번째 잎새는 탐험의 새벽
미지의 땅에 발을 내딛는 순간
구름을 가르는 기척 속에
해가 떠오르는 희망의 실타래가 풀린다

다섯 번째 잎새는 기억의 상자
시간의 먼지 속에 감춰진 보물
사라진 순간들이 다시 노래하며
그리움이 꽃잎처럼 흩날린다

여섯 번째 잎새는 창조의 번개
상상력의 고요한 폭풍 속
새로운 아이디어가 파도처럼 일어나
온 우주가 내 손끝에서 춤춘다

일곱 번째 잎새는 반성의 거울
내면의 나와 마주하는 시간
혼란 속에서 발견한 진리
진정한 자아가 울림을 찾는다

여덟 번째 잎새는 연결의 오케스트라
모든 존재가 하나의 멜로디로
각각의 소리가 조화를 이루며
우리가 함께 만들어 가는 세상

연꽃의 모든 잎새가 열리면
각각의 생각이 하나의 우주가 되고
나는 만다라트 삶의 예술가
무한한 가능성을 그려 나간다

* 일본의 마쓰무라 아스오가 개발한 사고기법으로, 인간의 두뇌 활동을 극대화하는 학습 기법의 일종이다.(=브레인스토밍, 마인드 매핑)

살다 보면 꽃 필 날 있다

길 잃은 눈동자가 저문 골목을 스치는 날
벽 틈새로 기어든 바람이
깨진 유리 조각을 어루만진다
한 땀 한 땀 꿰매 가는
빛바랜 옷깃의 실오라기
그 위로 별빛이 스며들면
흩어진 마음도 잠시 한 줄기 실금이 된다
어둠이 깊어질수록 발걸음은
돌멩이의 무게를 간직한 채 길을 만든다
멀리서 들려오는 개울 소리는
깨지 않은 달빛을
흔들린 등불 위에 올려놓고
마른 나뭇가지 끝
새싹이 입을 벌리듯
아스라이 피어나는 숨결
흙 속에서 깨어난 뿌리들이
고개 들면 땅 위에는 이미
새로운 그림자가 피어나고 있다

/ 3부 바람의 시간

입술을 깨물며

얼마 전부터 음식을 먹을 때마다
앞니와 송곳니가 윗입술 아랫입술을
번갈아 깨문다
생각 많아 생긴, 예전에 없던 일
수없이 물린 입술이 퉁퉁 부어
무게를 더해 간다
음식을 먹을 때는 먹는 일에만 집중할 일
딴생각 품으면 어찌 되는지
무거워진 입술에서 배운다
말 많은 자리에 입 닫아야지
입술을 함부로 열면
날 세운 이들에게 씹힐 일 많으니
침묵하라는 계시로 여겨야 할까 생각하다가
또 무심코 입술을 문다
꽃은 꽃잎을 벌렸을 때보다
오므렸을 때 아름다운 거라고
꽃잎이 벌어져 늘어지면
질 때가 된 거라고

무릎 꿇은 나무

무릎을 꿇는다는 건

굴복이 아니라

나를 살리는 일

낮추어야 산다

혹독한 시련 속에

엎드린 날이 길수록

단단해지는 몸뚱어리

이것은 영원히 사는 길

오래오래 몸 세우는 일

로키산맥 해발 삼천 미터

수목한계선에서는

몸뚱어리 단단한 바이올린이

천상의 선율을 기르고 있다

카르페디엠 1
- 흐르는 대로

우는 사람 울게
웃는 사람 웃게

가는 사람 가게
남는 사람 남게

둘인 사람 둘로
혼자인 사람 홀로

취한 사람 취한 채
자는 사람 잠든 채

멈출 사람 멈추게
행할 사람 행하게

역적은 역적으로
충신은 충신으로

사람은 둘로 나뉘어
서로의 가슴 겨누어

땅은 반에서 반으로
나무도 반에서 반으로

새들도 꽃들도
날거나 피거나

우리도 너희도
피거나 말거나

카르페디엠 2
- 내일을 믿지 마라

시간은 예정 없이 흐르다가
아무 흔적도 남기지 않는다

땅이 불타고 얼음이 녹고
물과 불이 세상을 채운다
바람이 모든 것을 쓸어 가기 전

노세, 젊어 놀지 마라
아니, 놀지 못하지 마라
흔적도 없이 갈 당신과 내가

예정 없이 흐르다가
파괴한 흔적만 남기고

나는 무엇입니다

나는 봄에 피어나는 한 마리 새입니다
가끔 냉혹한 얼굴로 돌아서는 바람입니다
벚나무 가지에 앉아 쉬기도 하다가
연두색 새잎 돋으면 슬며시 망울지며
분홍의 꿈 매달아 보는 꽃입니다

나는 흔적 없이 떠도는 먼지입니다
우연히 바닥에 내려앉은 흙입니다
젖은 꽃잎 위에서 구른 빗방울입니다
흐르다가 웅덩이에 갇혀 버린 물입니다
고였다가 밟히면 솟구치는 분수입니다

나는 뭇사람이 고대하고 소중히 여기며
하염없이 흘려보낸 세월입니다
동토에 갇힌 얼음장 아래에서
물꼬가 트이길 기다리는 무엇입니다

흔들리는 것들의 모호성

호수 위로 바람이 분다
제 색을 버린 호수 위에서
나무와 하늘과 구름이
흔들리다가 서로 붙는다

나무인지 하늘인지
구름인지 물인지
섞인 것들이 표정을 바꾸며
모호하게 흔들린다

흔들리지 않는 물은
들이미는 것들을 있는 그대로
비추지만 물은
작든 크든
가볍든 무겁든
바람이 저를 밀 때
아무것도 맑게 비출 수 없다

흔들리는 물속에서는
당신도

나도
모̇ 호̇ 하̇ 다̇

지금, 바람이 분다

바람은 자유를 상징하는 힘
가볍게 몸을 스쳐 지나가는 바람은
마치 자유롭게 날아다니는 새 같다
그 속에서 규제와 제한은 얼마나 무의미한가
바람이 부는 날에는 마음마저 가볍다

바람은 때로 불안을 불러일으키기도 한다
거센 바람이 몰고 오는 폭풍우는
갈등과 불안을 조장하지만
그 끝에는 항상
맑은 하늘이 기다리고 있음을 안다

바람은 변화의 시작
8월 끝자락에 바람이 불면
여름의 끝과 가을의 시작을 느끼듯이
바람이 지나가면 모든 것은 새로워진다

바람은 삶의 여러 측면을 상징하는 만능한 존재
그 속에는 소망과 염원,
두려움과 불확실성이 함께 숨 쉬고

자유와 변화, 불안과 희망이 공존한다

빛과 어둠의 랩소디

금단의 어둠 속을 떠도는 그림자
눈동자는 외로움의 갈증을 품었다

잊혀 가는 꿈의 기억
향수로 스며든 어둠의 속삭임
마주한 빈틈에는
어수선한 감정의 흔적만 남았다

매연처럼 휘날리는 시간의 잔해
피어나는 감정의 색채를 흩트려
독사처럼 미소 짓는 절망의 영역
톱니바퀴 소리가 울리는 공허한 세월

마음의 절벽은 붉게 물들고
공허가 번쩍이는 곳에 어둠이 번져
마음은 흐릿해지고 몸은 침묵 속으로 사라진다

붉은머리오목눈이

그의 눈빛이 심장을 찌른다
두 팔은 높은 곳을 향하고
열망은 앞으로 뻗어 있다
천상의 비책을 품은
달콤한 미소에 감춰진 비밀
시간을 멈추게 만든다
봄바람처럼 부드러운 목소리가
마음을 사로잡는 시간
꿈틀거리는 불꽃 같은 가슴에
열정을 안고 끝없는 여정을 떠날 예정
탁구공 같은 몸뚱어리로
몇 배나 큰 원수의 자식을 품어 키우고
살뜰히 떠나보낸 이별의 날에
나는 세상을 모른다 말하리

서설瑞雪

무명천으로 감싼 세상의 입술
흰 소리로 속삭이는 한 조각의 기적
고요한 시간, 하늘에서 떨어진 무수한 희망들이
어둠을 덮고 잠잠한 숨결을 이끌어 낸다
어디선가 들려오는 새로운 계절의 노래
차가운 숨결에 묻어나는 따스한 약속의 향기
잠들었던 땅속의 꿈들이
눈을 뜨는 소리가 귓가에 맴돈다
한 해의 주머니 속에 모은 수많은 기원들
눈송이의 춤에 실려
흐르는 물결처럼 퍼져 나간다
소중한 기억이 덧칠된 하얀 캔버스 위에
우리는 서로의 이름을 새기고
어둠 속에서 자라난 희망의 싹들이
이 순간의 부름을 받는다
조용한 기적이 차츰차츰 세상을 감싸고
눈의 무게만큼 마음의 짐은 가벼워진다
모든 것이 다시 시작되는 이 신비로운 시간
흩날리는 꿈들이 어디론가 날아가고
우리는 그 기운을 따라 발걸음을 옮긴다

이 상징적인 날에 어둠을 넘어서는 빛이
우리를 기다리고 있다
서로의 손을 맞잡고 미소로 엮인 이 순간
새로운 가능성의 문이 열린다
마음의 창을 열고 다시 한번
길을 걸어간다

스펙트럼의 서곡

저물녘의 빛이 한 줄기 퍼지면
누군가의 손이 스펙트럼을 가른다
이쪽은 붉은 숨결, 저쪽은 푸른 맥박
그 경계에 선 발자국은 회색으로 얼룩져 간다
어둠이 내려앉을 때마다
수천 개의 가위가 실크를 찢어
반으로, 다시 반으로
한 조각의 그늘도 용납하지 않는 밤
희미한 별조차 입을 다문다
유리 조각 위를 걷는 소리
매일 밤 벌어지는 전쟁의 서사시
상처는 서로를 가리키는 화살이 되고
피는 노래가 되어 메아리친다
어떤 광채는 눈부시게 소리를 삼키고
금빛 그물을 펼쳐 미몽의 강을 건너게 한다
거울 속에 비친 얼굴들은
자신의 그림자를 투자한다
그들은 푸른 숲을 붉게 물들이고
붉은 강을 검게 말리지만
바람은 알코올처럼 모든 경계를 녹여

한 방울의 밤으로 뭉쳐 놓는다
석양이 지는 창가에선
아이의 손가락이 물감을 섞어
새로운 이름을 부여한다
보랏빛, 연두빛, 오렌지빛
한 줄기 빛이 무지개를 삼키기 전
침묵의 파장이 흔들린다
어둠이 깊어질수록
스펙트럼은 제 몸을 감추고
흩어진 색들은 저마다의 밀도를 잃어
한 줌의 별빛이 된다

당신은 바람

당신은 허공을 떠도는 바람
발자국 없는 유리병 속을 스치는 투명한 숨결
나는 모래시계의 눈물을 따라 흐르는 강물
당신은 강물 위를 스치는 무중력의 꿈
당신은 시간의 틈새를 비집고 들어와
내 어깨 위에 앉은 무색의 나비
나는 날개를 따라
하늘로 흩어지는 종이 조각
당신은 종이를 태우는 푸른 불꽃
당신은 거울 속 그림자
내가 건네는 손끝을
스쳐 지나가는 무형의 기억
나는 기억을 따라
미로 속을 걷는 실종된 시간
당신은 시간을 삼키는 침묵의 바다
당신은 허공을 떠도는 바람
나는 바람을 잡으려 손을 뻗지만
손끝에는 오직
빛의 파편만 남는다

4부 별꼐의 시간

약속
  - 재망매가

이별이 멀리 간다고 기별한 날
봄바람이 겨울바람처럼 세차게 불고
흩날리는 벚꽃이 얼음처럼 차가웠다
꽃을 사랑한 사람이 뜨락에 꽃을 심자
낮에도 하늘에서 별이 별別을 펼쳤다
하늘로 간 꽃은
별을 닮아 황홀한 빛으로 웃고
땅에 떨어진 별은
꽃을 닮아 화려한 색으로 춤춘다
너를 기억할게
너무 일찍 떨어진 꽃이여
아버지 만나거든 평안하신지 한 자 소식 주렴
머지않은 날 너의 별자리 옆에
꽃으로 날아가리
빈 몸으로 훨훨
자유로이 가리

잔향

너의 번호는 내 전화기 속
쓰러지지 않은 비석이 되었다
가끔 손가락이 망각의 길을 걸어
통화 버튼 위에 서면
수화기 너머로 바람이 스며든다
부서진 목소리의 파편들이
유리창을 두드리는 빗소리와 겹쳐
밤이 지나도 번호는 녹슬지 않고
신호음은 천국의 착신음으로
공중분해된다
네 이름이 적힌 빈 자리에
내리던 비가 멈추었을 때
흔들린 화면에 비친 건
검은 우산 아래
한 방울도 닿을 수 없는
백색의 무음無音*
폭우는 휴대전화 배터리를 삼켰고
충전 포트엔 이슬만 맺힌다
지금도 착각의 전류가 흐를 때면
스크린 속 번호들이

네 호흡으로 붉게 떠오른다

* 백색의 무음 : 검은색이 죽음을 수용하는 상징이라면, 백색은 모든 소리가 빈 공명으로 돌아간 절대적 부재 상태를 나타낸다.

지하철 승강장에서

간발의 차이로 기차를 놓쳤다

간발의 발은 얼마나 작은 것일까
간발의 차이는 얼마나 큰 것일까

1분만 일찍 나왔더라면 다리가 5센티미터만 길었더라면 발 사이즈가 245였더라면 계단을 올라오는 사람들 수가 조금만 적었더라면 사람들이 오른쪽 통행 규칙을 지켰더라면 계단을 내려가는 내 앞을 막은 이가 할머니가 아니었더라면 떨리는 걸음으로 주춤거리며 쓰러질 듯 휘청거리는 노인을 부축하지 않았더라면 나는 기차를 탈 수 있었을까

 내가 놓친 수많은 간발이
 내 앞에서 벽을 친다

 긴 꼬리 기차 떠나고
 긴 꼬리 장마 오기 전

 기차도 사람도 없는 승강장

정적이 축축하다

말의 법칙

하얀 눈이 내린다고 네가 말한다
까만 눈도 있어?
네 눈이 까매
올라가는 눈도 있어?
네 눈은 꼬리가 올라가
나는 언제나 딴지 걸고
너는 언제나 딴청한다
씨줄과 날줄에 우리 숨이 머무는데
결이 곤두선다
결이 거칠다는 건
촘촘하게 엮이질 못했다는 것
혹은 어디선가 꼬이거나 얽혀서
제 길을 잃었다는 것
언제든 꼬인 줄 풀고
다시 결대로 엮일 다툼마저 없다면
삶이 얼마나 엉성하겠느냐
그리하여 더 치열하게 얽히기로 한다

痛痛

 땅의 얼굴이 움찔거리면 신음 소리는 노란색이에요 휘날리는 바람 소리에 땅의 살이 부스스 흘러내리죠 아무도 눈여겨보지 않은 틈 봄의 피부를 찢으며 불쑥 오르는 초록빛 송곳 끝에는 눈부신 내일 한 묶음

 4월의 가슴이 움찔거리면 신음 소리는 노란색이에요 휘날리는 휘파람 소리 내 심장이 부스스 흘러내리죠 아무도 눈여겨보지 않은 틈 흑빛 가슴을 찢으며 불쑥 오르는 붉은 송곳 끝에는 찬란한 눈물 한 묶음

 말캉하게 꽃이 피려고 그렇게 부서지는 아픔이 있는 거죠 그러니 흘러내리는 눈물쯤 아무렇지 않게 눌러요 환희는 늘 痛痛 뒤에 흐르는 눈물에 한 발짝 떨어져 있죠 하지만 괜찮아요 저만치 다가오는 꽃들의 붉은 웃음소리 보이니까요

통쾌痛快

하늘이 노랗다는 말
절망을 말하는 게 아니다

물리치료실에서 치료사가
통점을 누르는데
하늘이 노랗다
꺾고 찌르고 밟고 때리는데
지독한 아픔의 모서리마다
쾌감이 따라 붙는다

통痛 뒤에는 쾌快가 있다
괴로움과 근심이
즐거움으로 가는 길
그것은 늘 아픔과 마주 서 있다
즐거움은 격투기하듯
꺾고 찌르고 밟고 때리면서 온다

고통 끝에 낙이 있다
아픔을 꾹꾹 누르며
자근자근 밟고

쭉쭉 잡아 늘리다 보면
어느새 단단해진 쾌를 본다

지독한 절망과 아픔 뒤에는
눈물을 핥으며 자라는 쾌가 있다

봄에 핀 얼음꽃

뽀드득 뽀드득,
잠든 네가 이 가는 소리
이가 부딪칠 때마다 하늘에서 눈가루가 날렸다
깊은 잠으로 들어간 너는 아직 한겨울
벚꽃이 피어도 못 보는 얼음 여왕
4월에도 꽃눈 날려 눈물조차 얼었다
등으로 미끄럼 타며 계단을 내려오다가 멈추면
터진 수도관에서 분수처럼 솟던 물이 얼었지
너의 삶은 온통 살얼음 내리는 겨울 강
햇볕도 들지 않는 얼음 위에서 종일 누워 있다가
이따금 뒤척이면 등에서 뼛가루가 후두둑 떨어졌다
나는 병든 어머니를 집에 혼자 두고
벚꽃 흐드러진 길을 달려 네게 갔는데
너는 화사하게 화장하고 떠날 준비를 마쳤다
너의 차디찬 발자국 위로 꽃눈 쌓이고
뽀드득 뽀드득,
잠든 네가 꽃잎 밟는 소리

접는다는 것

종이접기 하듯 마음을 접는다
네모난 종이 접어 둥근 공 만들 듯
겹 접고 홑 접어 당신을 소환한다
어느 쪽으로 접으면 당신이 될까

떠난 당신을 접으면 다른 당신이 올까
줄 장미 늘어지던 오월 담장을 짚고
비틀거리다가 삶을 접었던 사람
머리에서도 장미가 붉게 피었지

삶을 접으면 무엇이 될까
나를 바라보던 눈을 접어
다른 생을 바라보는 당신도
종이처럼 접으면 둥글게 돌아올까

접는다는 것은 간절하다는 것
마음을 접는다는 것은 다시 한번 뜨겁게
타오르고 싶다는 것

향수를 뒤집어쓰다

석양은 강물 위에서 머리를 풀어 헤치고

저녁 지하철은 지하를 빠져나와

강 다리를 지나고 있었다

그 시간과 그 공간에서

불현듯 뒤통수를 스치는

한때의 그곳이 있었다

이별 후 한 번도 생각나지 않았던

시간과 공간이 마구 머리를 흔들고

깨어나는 것이었다

산발한 머리카락들이 제멋대로 춤추고

석양이 빛을 잃어 가려는 찰나였다

무언가 기억한다는 것은

그때 그곳에서 우리가 한 일이 있다는 것

기억이 있는 곳에 빛과 어둠이 교차하고 있다

허무의 시간 1

어둠이 내려앉은 방
벽은 흑백의 기억으로 덮인 채 서 있고
시계는 무심한 소음을 내뱉는다
소리들이 먼지처럼 흩어져 간다.
창가에 늘어진 커튼 사이로
바람은 슬그머니 스며들고
모서리에 쌓인 먼지들은 어디론가 떠나려는
마음처럼 가만히 숨죽인다
길 위엔 사라진 발자국들
모래처럼 흐르는 시간의 조각들만 남아
안개에 가려진 얼굴들이 스쳐 지나간다
차가운 빛이 어두운 골목을 지나
어딘가로 흡수되고
내 발 아래로 덧없는 그림자가 무너져 내린다
한쪽 벤치에 남겨진 비어 있는 컵
누군가의 잔해가 바람에 실려 어디론가 떠나고
기억의 조각들은 부서진 유리처럼 흩어져 간다
구름이 흐르는 하늘에 담긴 불확실한 약속들
빛과 어둠이 섞여 어디로 가는지 모르는
길을 잃은 나비가 휘청거린다

그녀의 날개가 어둠 속에 묻혀
소리 없이 사라지듯
시간도 내 손가락 사이로 흘러내린다
모든 것이 어디선가 잊힐 순간
나는 다시 한번 텅 빈 방에 남겨진
소리 없는 속삭임과 환영처럼
허공을 가득 채운 무의미한 여운 속에서
그저 존재하는 것만으로도
충분하다고 충분하다고

허무의 시간 2

시간의 그물 속에 희미한 그림자들
어두운 방 한구석에서
서로를 잃어버린 채 말없이 지내는 침묵
벽에 걸린 시계는 비틀린 얼굴로 초침을 쫓아가지만
그 자리는 언제나 텅 빈
모래시계의 입구에서 흘러내리는 것들은
돌아오지 않을 빛의 조각일지도
하늘은 한없이 낮고
땅은 지친 숨소리로 무겁게 깔린다
바람이 지나가는 길
잡초의 속삭임이 흑백의 화면을 스쳐 간다
덧없는 여름 저녁 불빛 아래 어지럽게 돌며
모여드는 곤충들 갈피를 잃다
익숙한 도시는 낯설게 얼룩져
비틀린 거리 위에 사라진 얼굴들을 남긴다
그들의 눈빛은 빈 껍데기 같고
공허한 수레바퀴는 시간을 밀어낸다
내가 남긴 발자국은
차가운 바람에 흐트러지며
가벼운 속삭임으로 사라진다.

불확실한 내일을 위한 예언자들은
한쪽 귀로 흘려보내고 다른 쪽 귀로 시계를 듣는다
모든 것이 통과하고 나는 그 안에서
무의미한 시선을 거두어들인다
이제는 나도 소멸하는 그림자가 되어
기억의 정원에 흔적을 남기기 위해
그저 흘러가고 있다

그리움에 사랑을 묻고

돌아와 선잠 든 밤이 하얗다

그리다와 생각하다는 동의어라서
허공에 뜬 그림마다
생각 하나씩 열리지

붓 없는 화가는 눈으로 꽃을 그리고
눈먼 시인은 그림을 사랑이라 읽는다

그림과 그리움은 한배에서 태어난 형제
그립다고 말하면 눈앞에 그림이 펼쳐져

빈 의자가 있는 언덕 풍경
별떼이 빛나는 밤하늘 풍경

5부 신화의 시간

황혼의 검객

당신은 장인의 손끝으로 잘 벼린 검입니다
명장의 궤적처럼 삶이 곤두서고
화폭에 친 난의 선처럼 그리움이 뻗어나
날마다 동서남북을 가르지요
획을 그을 때면 어디에나 추풍이 일고
번쩍일 때마다 낙엽이 별에 박힙니다

당신은 화면을 가로지르는 붓입니다
묵 빛이 짙게 번질 때면 우뚝우뚝
일생에 남을 한 획이 서지요
불면의 밤이 꿈꾸었던 새벽빛의 전조
청량하다 못해 슬픈 음지의 빛깔이
마치 제 곡조인 양 밤을 지배합니다

별이 되고 싶었던 당신은
우듬지 꼭대기에 오른 목련처럼
높은 곳을 두려워하지 않는 강심장
석양에 사다리를 걸어 봅니다
잡히지 않는 설움이 익어 무성합니다

골의 관계성關係性

골이 깊었다
함께한 세월의 깊이만큼,
준 정이 많을수록
서운함의 골도 깊어 간다는데
쌓은 정이 없어도 피의 골은 깊었다
다정은 늘 병이어서
떨어져 산 시간만큼 그리움의 산이 높아졌고
엄마 없는 아이들은 먹어도 먹어도 허기가 깊었다
골 깊은 그리움은 뼈를 갉아 먹어
키 작은 아이로 자라난 어른은 무릎을 잃고
정강이와 허벅지를 구분하기 어려웠다
뼈란 뼈는 죄다 골골거릴 때
골수에 박힌 서러움은 한이라고 불리었다

적요

마음은 어둠 속의 거리처럼 고요하고
방안은 달빛 아래 호수처럼 한가롭다
당신의 눈빛은 별빛처럼 멀고 아득해서
외딴섬 등대처럼 깜빡거리지
당신의 눈동자는 밤바다의 파도처럼 잔잔하고
목소리는 적막한 사막의 바람 같아
시간은 느릿하게 흘러 마음을 감싸고
내가 그린 꿈의 조각들은 고요히 잠든다
어둠 속에서 기억의 꽃들이 피어나
향기가 소리 없는 연주처럼 퍼진다
바람은 나를 스쳐 지나가고
숨결은 오래된 이야기의 주인공이 되어
우리의 발자취는 서로를 향한
피안의 길을 잇고 있다

내 영혼의 뼈

멈춘 시공간의 끝에서
육신을 감았던 껍질을 벗으면 무엇이 남을까
내 영혼의 옷은 흑빛 얼굴로
커다란 눈망울만 굴린다

수많은 기억이 시간의 흐름 속에 숨겨진 채
사랑과 아픔, 기쁨과 슬픔이
조각조각 쪼개져 나를 감싼다
고요한 저녁, 황혼은 나를 물들이고
마음의 깊은 곳에서 비로소
진정한 나를 마주하게 되는 시간

보이지 않는 곳에 숨겨진
세월의 무게를 견디며
내 존재를 지탱하는 기둥
어둠 속에서도 빛을 잃지 않고
수많은 상처를 품고 있으니
영혼의 뼈는 나의 이야기를 새기고
기억의 흔적을 간직한다

때로는 차가운 바람에 떨고
때로는 따스한 햇살에 감싸여
희망과 두려움이 영원히 부딪쳐도
부서진 조각들 속에서 나를 존재하게 하고
상처를 품은 채로도 강하게
나를 일으킨다

고독의 끝

고독은 적막한 심연 속에서 흩어진 시간의 조각들에 숨겨진 허무다 어두운 방안, 먼지 쌓인 의자, 오래된 책의 페이지 속에 숨어 있는 시간의 흔적이다 고독의 끝은 새벽의 여명처럼 어둠을 뚫고 나오는 첫 빛이다 차가운 공기 속에 스며드는 따스함이다 얼어붙은 마음을 녹이는 햇살이다

고독은 밤의 정원에 피어난 차가운 달빛이다 텅 빈 방안에 울려 퍼지는 메아리다 차가운 유리창, 바람에 흔들리는 그림자다 고독의 끝은 만남의 시작이며 우연히 마주친 눈빛의 떨림이다 사라진 그림자의 온기로 서로의 마음을 엮는 실타래다

고독은 겨울의 끝자락 눈 녹은 자리에서 피는 꽃이다 죽음과 삶의 경계에서 홀로 생명이 움트는 순간이다 비 오는 날 우산 아래 홀로 걷는 발자국이다 고독의 끝은 빗방울이 땅에 떨어지는 소리다 리듬처럼 상처를 치유하는 자연의 손길이다 뺨 위로 흘러내리는 눈물이며 다시 흐르는 강이다

고독은 잠시 멈춘 시간의 조각 속에서 찾아낸 나의 정체성이다 잃어버린 열쇠, 닫힌 문 뒤에 가려진 세계, 누군가의 숨결을 기다리며 고요히 잠들어 있는 꿈의 조각들이다 고독의 끝은 무지개다리처럼 비를 견딘 후에 나타나는 색이다 서로 다른 이야기를 품은 사람들이 함께 걸어가는 길의 시작이다

고독은 삶의 한 페이지 속에 멈춘 시계다 어둠을 지나서야 비로소 이해할 수 있는 아픔이 주는 선물이자 사랑의 자양분이다 바다의 파도, 하얀 거품이 사라지는 순간 가슴 깊이 밀려오는 그리움, 끝없이 이어지는 수평선의 외침이다 고독의 끝은 항상 새로운 출발이다 어둠 속에서 피어나는 별빛처럼 바람에 속삭이는 나무의 노래처럼 한 줄기 희망의 빛이 서는 것이다

금단의 그림자

끝없이 피어나는 공허한 울림이
잊혀 버린 꿈의 기억을 끌어안는다
향수로 스며든 어둠의 속삭임은
마주한 빈틈에 남겨진 어수선한 감정의 흔적
붉게 피어나는 피의 강에서
차가운 감정의 물결 속으로 번지는 골육의 그림자
침묵은 단정하게 옷깃을 여미고
독사가 미소 짓는 절망의 심연으로 침잠하는데
무심한 시간은 톱니바퀴처럼 돌아간다
금기란 향기로운 꽃잎처럼 유혹하다가
손끝에 닿기 전 썩어 버린 과거의 조각들
그림자가 길어지는 저녁 무렵
부서진 유리처럼 아스라한 빛을 뿜는 갈망이
비밀의 정원에서 열매를 찾는다

고래 곤추서다

고래 뿔나면 곤추선다
고래 곤추서면 바다 눕는다

검은 바다는 뒹굴며 몸부림치다가
거품 물고 눈 뒤집으며 악악거린다
고래에 깔린 바다는 헐떡이며
대지를 향해 뛰어간다

고래는 바다의 나무
고래는 바다의 숨구멍

고래 곤추서면 바다는 숲이 된다
고래 없는 바다는 죽음이다

고래 없는 바다는 죽음만을 낳는다

고래를 세워야 한다
바다 안에 죽어서
영원히 바다를 살리는
고래는 바다의 생명이다

말의 숲에서 만나는 빛과 그림자

언어의 파도가 춤을 춘다
서로의 마음속을 탐험하려는 것
문답의 그림자는 마음의 향유
해석은 미로의 여정이다
달빛이 내리는 숲속에
비밀의 향기가 퍼지고
새벽의 공허한 빛이
우리의 내면을 비출 때
시간의 파편들은 과거와 미래를 이어가고
소망의 날개는 하늘로 오른다
언어의 심연에서 감정은 무지개를 타고
빛과 그림자가 붉게 웃는다
모든 것은 있는 것처럼 보일 뿐
있다와 없다 사이에서 우리의 이야기는
마음과 마음을 넘어 새롭게 시작한다

뫼비우스 꿈

어제를 걷다가 내일을 밟는다
발끝에서 피어난 그림자들이 몸을 감싸며
한없이 얇은 선으로 밤을 묶는다

시간은 고무줄처럼 늘어나 내 어깨에 걸리고
밤은 무게를 들며 등 뒤로 사라진다

한쪽 귀로 흘러 들어온 바람이
다른 쪽 귀에서 낯선 노래로 피어난다
입술을 벌리면 목소리는 다른 이의 입속에서 잠잔다

길은 나를 삼켰다가 다시 토해 내고
나는 그 위에 서서 내가 아닌 나를 바라본다
내가 아닌 나도 고개를 돌려 나를 바라본다

둘은 서로를 지나친다
아무 말없이 발걸음이 서로를 기다리다가
어디론가 사라진다

뫼비우스 길

어둠이 입을 벌리면
빛은 그 안에서 한 발짝도 떼지 못한 채
제 몸을 삼킨다

한 손으로 만져 본 끝이 다른 손에 스며들고
시간은 고개를 돌려 제 꼬리를 물었다

길은 자기 자신을 잊고 한쪽 면을 걷다가
어느새 반대편에서 나를 기다린다

나는 길 위에 서서 내 그림자를 만난다
그림자는 고개를 끄덕이며 나를 지나쳐 간다

어디로 가는지 묻지 말라
길은 답을 삼켰고 나는 나를 기다리는
나를 따라간다

뫼비우스 속삭임

한 장의 종이 끝을 돌리자
붉은 매듭이 영원을 묶는다
어둠의 이음새에서는 빛이 스며든다
한쪽은 길이 되고 다른 쪽은 강이 되고
발걸음은 미끄러져
시작이 끝을 삼키는 고리 속으로 들어간다
내 그림자가 네 얼굴을 비추면
우리는 서로의 등 뒤에서 만난다
시간이 잠든 사막에 흔들리는 모래시계
영원의 숨소리 한 번의 뒤틀림이 희망을 품고
무한을 향해 잎새를 펼친다
밤새 별들이 띠를 따라 흐르고
깊은 강물은 하늘을 엮어 가도
한줄기의 바람이 속삭인다
영원은 단 한 번의 접힘일 뿐
달빛에 젖은 종이 위에 새겨진 그림자
어디선가 영원히 맴도는 입맞춤

뫼비우스 띠

 한쪽으로 걷다 보면 어느새 반대편이 되어 발자국은 스스로를 따라가고 그림자는 두 개가 된다 한 번 접힌 선 위에서 시간은 고개를 끄덕이며 어제는 내일이 되고 내일은 어제가 된다 한 손으로 잡은 끝이 다른 손으로 돌아오고 바람은 고리를 그리며 하늘을 스치고 지나간다

 한 번의 숨결이 두 번의 생명을 불러오고 한줄기의 강물이 두 개의 바다를 만난다 한쪽 눈을 감으면 다른 쪽이 열리고 한쪽 귀를 막으면 다른 소리가 들린다 한 발짝 내디딜 때마다 세상은 뒤집히고 한 번의 만남이 두 번의 이별을 낳는다

 한쪽으로 기울어진 나무가 다른 쪽으로 뿌리를 내리고 한 번의 꿈이 두 개의 현실을 꿈꾼다 한쪽으로 흐르는 강물이 다른 쪽으로 돌아오고 한 번의 속삭임이 두 개의 목소리가 된다 한쪽으로 떨쳐진 길이 다른 쪽으로 접히고 한 번의 사랑이 두 개의 영혼을 만난다

 한쪽으로 떠오르는 달이 다른 쪽으로 지고 한 번의 눈물이 두 개의 미소가 된다 한쪽으로 열린 문이 다른 쪽

으로 닫히고 한 번의 기다림이 두 개의 만남을 낳는다 한쪽으로 흐르는 강물이 다른 쪽으로 돌아오고 한 번의 속삭임이 두 개의 목소리가 된다

 한쪽으로 펼쳐진 길이 다른 쪽으로 접히고 한 번의 사랑이 두 개의 영혼을 만난다 한쪽으로 떠오르는 달이 다른 쪽으로 지고 한 번의 눈물이 두 개의 미소가 된다 한쪽으로 열린 문이 다른 쪽으로 닫히고 한 번의 기다림이 두 개의 만남을 낳는다

 한쪽으로 흩어진 모래가 다른 쪽으로 모이고 한 번의 바람이 두 개의 시간을 만난다

우리詩 시인선 083
꽃으로 와서 바람으로 지다

초판 1쇄 발행 2025년 6월 20일
지은이 여　연
발행인 홍해리
펴낸곳 도서출판 우리詩 움
등록번호 2021-000015호
등록일자 2021년 5월 20일
주소 01003 서울시 강북구 삼양로159길 64-9
전화 02)997-4293
이메일 urisi4u@hanmail.net
ISBN 979-11-986887-7-4

값 10,000원

* 잘못된 책은 바꾸어 드립니다.
* 지은이와 협의하여 인지를 생략합니다.
* 이 책의 판권은 지은이와 <도서출판 우리詩 움>에 있습니다